ALGER EN 1861,

PAR

CH. DUBOIS

LICENCIÉ ÈS-LETTRES.

> Connaissez-vous cette terre où les citronniers fleurissent, où les orangers laissent tomber leurs fruits d'or?
>
> (GOETHE.)

ALGER

IMPRIMERIE DE A. BOURGET, RUE SAINTE, DEUX.

1861

AU LECTEUR.

Déjà quelques mois se sont écoulés, depuis le jour où ces pages furent imprimées pour la première fois. Elles n'étaient point alors destinées à la publicité. Mais, depuis cette époque, de si bienveillants éloges sont venus encourager l'auteur, qu'il se détermine aujourd'hui, tout en ne se dissimulant pas les défauts de son travail, à le mettre sous les yeux des hommes qui déjà connaissent Alger ou, tout au moins, désirent le connaître. Si, comme il le souhaite vivement, ces nouveaux lecteurs auxquels il se soumet désormais, et non sans crainte, veulent bien ne pas lui dénier tout à fait cette indulgence que lui ont accordée ses amis, il s'efforcera, par des études nouvelles et consciencieuses, de poursuivre l'œuvre dont cet opuscule n'est, en réalité, que le premier chapitre. — Cette œuvre, on le devine aisément, elle se résume en ces quelques mots : faire connaître, faire aimer l'Algérie, et, par ce moyen, lui attirer de nouveaux enfants qui soient fiers de leur mère adoptive, qui lui consacrent leur cœur et leurs travaux, qui l'aident enfin à conquérir dans le monde civilisé la place glorieuse que Dieu lui a réservée, après tant de siècles de souffrances et d'obscurité.

Alger, le 3 novembre 1860.

Ch. DUBOIS.

ALGER EN 1860.

Des hommes de beaucoup d'esprit, des écrivains d'une imagination brillante ont écrit de délicieuses pages sur Constantinople, Nice, Naples, Marseille elle-même. Aussi voit-on en France beaucoup de gens qui, charmés par leurs récits, vont célébrant partout les rives du Bosphore, le beau ciel de l'Italie, les délices de nos rivages du Midi. Pourquoi, au milieu de tant de voix, promptes à célébrer les beautés de ces gracieuses reines des mers, ne s'est-il jamais élevé un cri d'admiration, ou tout au moins un cri de sympathie, pour la capitale de notre colonie africaine, si voisine de nous, et pourtant si peu connue? Pourquoi tant de vers enchanteurs, tant de pages charmantes, consacrés à la gloire de la baie de Naples, tandis que sa sœur sa digne rivale, la baie d'Alger, attend encore son poëte ? Cette Afrique française, où tant de braves sont venus mourir, pour y faire à jamais flotter le drapeau tricolore, est-elle donc si méprisable qu'un dédaigneux silence doive toujours être son partage ? Non, assurément. Le climat de cet heureux rivage est aussi beau, aussi doux que celui de Constantinople ; la mer qui le berce de son murmure est aussi poétique que celle qui caresse les pieds de la Parthénope antique ; les habitants, les rues d'Alger, tout le panorama qui l'enchasse, ne sont ni moins nouveaux, ni moins curieux que ceux de Constantinople pour nos yeux parfois lassés des vieilles beautés de la France.

Un passé glorieux plane au-dessus d'Alger et de l'Algérie tout entière, comme un lointain, un émouvant souvenir. Partout, sur cette terre où les pas des Romains furent marqués en ineffaçables empreintes, partout nous retrouvons les traces d'une civilisation autrefois florissante et grandiose. Chacune de ces villes dont nous prononçons le nom moderne avec une si étrange indifférence, a pris aujourd'hui la place où se dressa jadis une cité antique dont nous retrouverions le nom glorieux dans les auteurs de la vieille maîtresse du monde. Rome elle-même nous a légué, comme aux plus dignes, cette belle part de son immense héritage. Cependant nous oublions l'Afrique, nous ne la connaissons pas, et nous cherchons rarement à la connaître. Il semble que nous ne voulions pas voir quel rôle glorieux la Providence lui réserve, au moment où, devenue française et vraiment nôtre, par une longue possession, elle ouvre, joyeuse, ses ports et ses villes à nos flottes et à nos colonies. Si, parfois, quelqu'un de ces hommes qui l'ont parcourue l'épée à la main, prend, en rentrant, la plume, pour faire connaître à la mère-patrie les splendeurs africaines, il ne dévoile aux yeux du lecteur que la partie la plus éloignée du tableau.

Ainsi, dans cet immense panorama algérien, qui s'étend si loin, d'Oran à La Calle, d'Alger aux confins du désert, les parties les mieux connues sont celles qui semblaient le devoir être après les autres. Constantine, les solitudes qui annoncent le Sahara, le désert lui-même, ont été décrits bien des fois ; mais on a regardé comme trop facile à faire une description de la métropole elle-même ; et Alger, dont la physionomie est si originale, dont le séjour est si doux, Alger, pour bien des Français, qui peut-être y viendront mourir un jour, est presque aussi inconnu que la capitale du Japon.

Et pourtant, quel spectacle ravissant que celui de la baie d'Alger se déployant tout-à-coup devant les yeux du voyageur qui, au mois de novembre ou de décembre, a dit à la France un adieu de quelques mois, pour venir demander un climat plus doux à ces rivages voisins de la mère-patrie !

Quels regards charmés il promène, du pont du vaisseau, sur l'immense panorama qui l'entoure ! La France qu'il vient de quitter, était couverte de neige ; partout un froid, ou rigoureux ou sombre, avait remplacé les derniers beaux jours d'un pluvieux automne : les arbres n'avaient plus de feuilles, le givre pendait en fils brillants de leurs branches gelées ; les champs étaient durcis par la glace ou salis par la boue ; et, dans les villes, les promeneurs, chaudement enveloppés dans leurs habits d'hiver, ne quittaient un moment le foyer joyeux que pour y revenir bien vite avec un nouveau plaisir. Lui-même, pour se garantir du froid durant le voyage, n'avait-il pas dû s'abriter sous ces enveloppes de mille formes devenues pour nous une nécessité ? Quel est donc son étonnement, quelle est sa joie, lorsqu'après deux jours de traversée, il se trouve tout-à-coup en face de cette ville fantastique, où nul n'abordait jadis que pour y pleurer longtemps sa patrie au milieu des tourments d'un affreux esclavage !

L'aspect d'Alger, lorsque, pour la première fois, on peut d'un coup d'œil embrasser cette belle mer, cette plaine, cette ville, ces montagnes, offre vraiment un de ces points de vue sublimes que l'on n'oublie jamais, et qui, souvent, quand nos yeux sont, depuis bien des années déjà, sevrés de les voir, reviennent doucement s'offrir à notre imagination charmée.

A gauche, le cap Matifou s'avance dans la mer dont les vagues gracieuses bondissent comme un joyeux troupeau au pied de ces rochers qui la dominent à peine. C'est là que les Espagnols tentèrent inutilement de débarquer leur armée, lors de la fameuse expédition envoyée par Charles-Quint contre les corsaires d'Alger. Là aussi s'ouvre cette fameuse plaine de la Mitidja, jadis le grenier d'abondance de Rome, et maintenant cultivée par de nombreux colons français, héritiers des travailleurs qui, durant bien des années, y tombèrent, renversés par les miasmes délétères d'un premier défrichement, et léguèrent à d'autres plus heureux, la charrue civilisatrice, lâchée par leur main défaillante.

La plaine est bornée, à l'horizon, par les montagnes du petit Atlas, toutes parsemées de noirs bouquets d'orangers et d'oliviers. Ce terrain immense s'arrondit en un demi-cercle dont on aperçoit les deux extrémités. Au milieu de cet hémicycle grandiose, au milieu de la profonde baie qu'il embrasse, Alger s'élève sur un roc que surplombe la petite chaîne de la Boudzaréah, gracieuses collines qui font pendant à l'Atlas et dont les pieds vont mourir à quelques kilomètres de la ville.

Coquettement étagée sur son roc énorme, toute blanche, toute resplendissante sous un beau et tiède soleil d'hiver, la ville ressemble à une vaste carrière de marbre blanc : on dirait le nid d'un aigle qui veille du haut de son aire et d'un œil ardent sonde les flots. Nulle position ne pouvait être mieux choisie pour y établir une cité telle qu'était Alger, quand ses terribles corsaires épiaient, attaquaient, pillaient tout vaisseau qui avait eu le malheur ou l'imprudence de venir raser ce dangereux rivage.

Mais, peu à peu, les objets deviennent plus distincts, à mesure que le bateau à vapeur s'avance vers le port. On aperçoit sur les collines de la Boudzaréah de nombreuses, de charmantes maisons de campagne, des villages à l'aspect riant ; et, plus près, au bord même de la mer, les édifices de la ville, qui s'élèvent graduellement et sur une pente rapide jusqu'à la crête du roc où se dresse la Casbah, ce palais célèbre où fut fait à la France l'affront historique.

Le port d'Alger, ceint d'un môle capable de résister à toutes les tempêtes, est, à lui seul, aussi grand que les deux ports qui, à Marseille, ouvrent leur bras aux vaisseaux de l'univers. Un tel port serait digne de devenir le vaste et commode entrepôt de tout le commerce méditerranéen. Les montagnes de l'Atlas, les collines sur lesquelles Alger est construit, le protégent contre les vents de terre ; et quand la mer, soulevée par le souffle violent du nord, blanchit et gronde devant lui, elle vient mourir impuissante contre ses digues.

Ce port immense, où une flotte entière trouverait un abri sûr, n'est point, comme ceux de Marseille ou de Toulon, enfermé dans l'intérieur de la ville, sali par des égoûts malsains, muré par des édifices qui, de tous côtés, arrêtent la vue. Devant lui, au contraire, la mer s'étend, vaste et sublime dans son calme comme dans ses tempêtes.

A Alger, pour jouir de ces magnifiques spectacles, on n'a pas besoin de prendre une barque et de se faire conduire au loin, ou bien de gravir quelque hauteur éloignée. De quelque point de la ville que l'on regarde le port, on le voit toujours entouré d'une mer immense.

Celui que les pirates avaient construit pour abriter leurs petits vaisseaux, n'était ni aussi grand, ni, surtout, aussi sûr : il forme aujourd'hui l'extrémité du vaste port édifié par la France. Dans ce petit enfoncement, jadis ouvert de tous les côtés, la vague accourait furieuse, et souvent la même tempête qui jetait de malheureux naufragés sur le rivage des corsaires, venait aussi briser leurs barques aux pieds mêmes de la cité inhospitalière.

Les quais sont vastes et beaux ; ils s'étendent tout le long de la ville dont ils forment le pied, et présentent aux étrangers une promenade agréable où se coudoient des hommes de toute race et de toute couleur. Bientôt ils seront ceints en entier par une longue et belle rue à laquelle on a donné d'avance le nom de Boulevard de l'Impératrice, nom d'heureux augure. Cette rue, commençant à l'extrémité occidentale d'Alger, sur le bord de la mer, ira se terminer à une distance de plus d'un kilomètre vers l'extrémité orientale de la ville. Elevée sur de vastes et profonds magasins, dominant au loin la haute mer, et composée de constructions élégantes et solides, cette grande artère est destinée à devenir le centre du commerce algérien et le rendez-vous des étrangers qui trouveront là ce qui, il le faut bien avouer, leur a jusqu'ici manqué à Alger, c'est-à-dire des logements à la fois agréables et d'un prix modéré.

Aujourd'hui, une rampe de quelques marches conduit du port à la ville ; cette rampe franchie, vous vous trouvez tout-à-coup au milieu d'Alger, et pourtant tout ce qui vous entoure est français encore. La place du Gouvernement, dont le seul cachet africain est d'avoir remplacé sur ses maisons élevées nos toits français par des terrasses mauresques, charme l'œil des nouveaux-venus, mais ne les surprend pas. C'est sur cette place que se dresse la statue équestre du duc d'Orléans : les Algériens ont tenu à conserver cette statue, non point comme une injurieuse protestation contre tout gouvernement étranger à la dynastie de Louis-Philippe, mais bien plutôt comme le simple et touchant portrait d'un brave jeune homme, d'un bon général qui supporta sa quote-part de fatigue dans les travaux de la conquête et, en partant, laissa de lui un aimable souvenir.

Cette place est, pour ainsi dire, le cœur même de la grande ville qui la domine. C'est là que se réunissent les hommes d'affaires ; c'est là que les promeneurs viennent prendre l'air chaque soir ; c'est là que les musiques militaires font souvent entendre aux Arabes quelques-uns des airs belliqueux qui, jadis, leur annonçaient la défaite, et aux Français bien des morceaux charmants qui, sur cette plage lointaine, leur rappellent doucement la patrie.

Paris a sans doute bon nombre de places ceintes de plus beaux monuments ; il n'en a cependant aucune qui me semble digne d'être comparée à ce modeste promenoir, perdu sur la côte d'Afrique.

Où trouver, en effet, à Paris, et même dans toute la France, une place embellie par un ciel aussi splendide, et devant laquelle s'ouvre un aussi vaste, un aussi poétique horizon ?

Quiconque s'est une fois, par une belle et tiède soirée d'hiver, promené sous les orangers de ce lieu charmant, comprendra les regrets de cet Algérien qui, devenu riche, s'en était allé revoir la France et mourir dans cette vive et grande Marseille, où il était né. En vain la Cannebière lui ouvrait ses cafés splendides ; en vain elle étalait devant lui son épaisse forêt de mâts battus par les tempêtes de toutes les mers. « Où est, disait

« l'Algérien désolé, où est ma place du Gouver-
« nement, ma place si simple, si modeste, mais
« d'où mon œil pouvait planer au loin sur la mer,
« sur la plaine, sur l'Atlas, puis venir se reposer
« sur la blanche ville des Maures ? »

C'est là que viennent aboutir les deux grandes rues Bab-Azoun et Bab-el-Oued qui furent comme les premiers fondements de la civilisation française en Algérie, et qui sont encore aujourd'hui les deux plus grandes artères de la ville française.

Cette ville nouvelle s'étend le long de la mer ; les deux rues principales sont bien construites. Leurs maisons, élevées et surmontées d'élégantes terrasses, forment, à leur partie inférieure, de spacieuses et hautes arcades, où les promeneurs sont heureux de trouver un abri contre les ardeurs du soleil d'Afrique, en été ; et, en hiver, un refuge contre les pluies torrentielles : sous ces arcades s'ouvrent de grands et beaux magasins. Enfin, les deux rues sont terminées par de longs faubourgs, sillonnés sans cesse par une foule de piétons et de corricolos, modestes omnibus qui, dans leurs ais mal joints, emportent les Algériens vers les villages environnants. Plusieurs de ces corricolos sont conduits par des Arabes qui n'ont pas dédaigné d'utiliser l'invention étrangère à leur profit. Sans cesse assiégées par une foule de gens au milieu desquels on voit des Bédouins, des Maures, des Mauresques, tout enveloppées d'un énorme tissu blanc qui leur donne l'aspect de fantômes, ces incommodes voitures sont rapidement entraînées par des chevaux indigènes, ardents, mais prompts à se fatiguer.

A Alger, comme partout ailleurs, les coiffeurs, les parfumeurs les pharmaciens abondent ; de tous côtés, les magasins étalent aux yeux des élégantes leurs mille séductions plus coûteuses qu'ailleurs, et, partant, plus enviées. Là aussi les marchands de tabac sont plus nombreux que dans aucune ville de France. Favorisé par une liberté complète et aussi, disons-le, par la manie universelle que tous les Algériens ont contractée de fumer, le commerce du tabac est certainement un de ceux qui occupent le plus de monde.

Passant des magasins aux monuments, avouons-le tout d'abord, Alger n'a pas un seul édifice qui mérite d'être cité. Il semble que les Français, venus pour s'y établir, aient redouté d'asseoir trop solidement leur demeure sur ce sol nouveau, en y construisant des édifices durables. Cette terre, sur laquelle ils étaient venus se fixer un moment, n'avait-elle pas déjà trop de charmes pour leur faire oublier la patrie ? Qu'était-il besoin de lui en donner d'autres encore ?

La cathédrale occupe la place d'une ancienne et magnifique mosquée : construite et reconstruite à plusieurs reprises, cette cathédrale n'est point encore achevée aujourd'hui. Bien des ouvriers se sont enrichis, les uns en promettant de l'édifier, les autres en jetant à terre l'œuvre de leurs devanciers. Telle qu'elle sera, quand, terminée enfin, après tant d'essais maladroits, on l'ouvrira tout entière aux fidèles, elle ne présentera jamais qu'un monument sans style au dehors, sans ampleur, sans beauté au-dedans. Ce que l'on y regrette le plus, c'est l'absence complète de ce cachet religieux, sympathique, qui souvent nous émeut, nous charme, nous dispose au recueillement et à la prière, lorsque en France nous entrons dans une modeste église de village. Il est malheureusement vrai, pourtant, que les sommes ainsi englouties dans des essais infructueux eussent pu largement suffire aux dépenses d'une église élégante et vaste, bien due à ces milliers de braves gens du peuple, Espagnols, Français, Maltais, qui s'y pressent tous les dimanches.

La préfecture, la mairie, les tribunaux sont établis dans des maisons sans caractère spécial, et, trop souvent, mal appropriées aux besoins de ces administrations diverses. La salle de spectacle, sans cesse assiégée par une foule avide de plaisirs scéniques, plutôt qu'habile à les apprécier, est bien au-dessous de celles dont jouit le peuple de France, dans les grandes villes.

Seul, le palais du Gouvernement fait presque exception à cette mesquinerie générale des monuments publics à Alger. Le style n'en est pas, il est vrai, bien grandiose ; la façade est trop modeste encore ; mais c'est une vaste et belle maison mauresque, habilement restaurée, où le marbre est prodigué, où l'on est sans cesse surpris à l'aspect de salles étranges et charmantes : ajoutez à cela que de la terrasse on peut jouir d'une vue fort étendue et fort belle, comme le sont toutes les vues d'Alger.

Mais laissons cette ville nouvelle qui s'éveille à la vie, où les maisons s'élèvent comme par enchantement, depuis quelques années, au milieu de ce désordre inséparable d'un premier établissement, et montons vers la ville mauresque, la partie la plus ancienne et la plus curieuse d'Alger.

La ville mauresque s'étage sur le roc, en un vaste et pittoresque amphithéâtre, couronné par la vieille Casbah, bien déchue aujourd'hui de sa spendeur antique. Cet immense palais des deys occupait toute la partie supérieure de la ville, qu'il dominait comme une forteresse inexpugnable. Dans l'enceinte de ses vastes et hauts bâtiments, l'on trouvait des salles splendides, une mosquée dont les colonnes de marbre ne dépareraient pas nos plus beaux édifices, des jardins où l'eau coulait en abondance au pied des orangers, des myrtes et des lauriers-roses. Que reste-t-il aujourd'hui de tant de splendeur ? — Bien peu de chose. Les jardins ont été convertis en cours mal pavées, ou couverts par des constructions nouvelles ; les salles du palais, la mosquée elle-même, sont devenues des casernes, et, pourtant, le vieux monument est imposant encore. Pauvre édifice ravagé ! la main sévère de la conquête ne lui a laissé que son manteau de pierre.

Les rues de la ville haute sont étroites, difficiles à gravir : une pente très raide, des pavés capables de blesser les pieds les plus endurcis, rendent la montée très désagréable. Mais que l'on se garde bien de se laisser décourager par ces premières difficultés ; que l'on gravisse toujours. Combien de maisons, combien de rues curieuses cette vieille ville renferme ! Non qu'elle soit cependant demeurée, jusqu'à présent, telle qu'elle était, lorsque, pour la première fois, elle trembla au bruit du canon français qui ébranlait le fort l'Empereur : bon nombre de constructions, semblables à celles que l'on voit dans la ville basse, bien des rues élargies, rendues moins sombres, sont venues modifier le primitif aspect de la cité des corsaires. Toutefois, la civilisation européenne est bien loin encore d'avoir effacé toutes les traces de son vieux cachet oriental : beaucoup de rues sont restées, même aujourd'hui, ce qu'elles étaient lors de la conquête.

Jamais ville européenne ne donnera l'idée de ces longues files de maisons blanches, sans fenêtres, serpentant en courbes capricieuses, placées les unes en face des autres, à une distance qui, parfois, ne dépasse pas quelques centimètres, s'avançant, se rapprochant dès le premier étage, comme pour s'appuyer mutuellement, et interceptant ainsi le soleil, la lumière, mais laissant en-dessous un libre passage à l'air rafraîchi. Quelques-unes même, plus singulières encore, ne sont que de basses et interminables voûtes, où l'on voit à peine assez clair pour se guider en plein jour. Les rues de cette espèce étaient très nombreuses avant l'arrivée des Français, et vraiment elles étaient merveilleusement appropriées au climat du pays. Ces rues étroites sont, en effet, parfaitement garanties contre les ardeurs du soleil, et leur disposition entretient, à la partie inférieure des maisons, un courant d'air délicieux, d'autant plus frais qu'il vient le plus souvent de la haute mer. Le vent du désert lui-même y perdait de son ardeur.

Les rues françaises du bas de la ville, ces rues si larges, aux maisons si élevées et si droites, sont sans doute beaucoup plus propres, beaucoup plus belles à voir : mais je n'accorderai jamais qu'elles soient aussi agréables pour les malheureux piétons qui doivent y circuler, au moment où le soleil les inonde de ses rayons brûlants, au moment où le terrible Siroco y fait tournoyer une poussière de feu. Il semble que, sans imiter tout à fait les Musulmans dans leur amour pour les ruelles obscures, on eut dû cependant admettre un utile compromis entre la manière de construire en Europe et celle de nos devanciers sur la terre africaine.

Mais, il le faut avouer, pour retrouver sa route à travers tant de rues, de voûtes, tortueuses, longues, obscures, il est nécessaire de les avoir parcourues bien des fois avec un guide. Toutes les maisons, en effet, se ressemblent, et souvent un nouveau carrefour se dresse devant le promeneur égaré, comme une interrogation insoluble et railleuse à l'adresse du malheureux qui a perdu le fil conducteur au milieu de ce labyrinthe d'un nouveau genre. Qui cependant pourrait-il interroger? Les passants sont si rares, je veux dire les passants qui parlent français, et, d'ailleurs, à quoi bon leurs indications qui ne peuvent que jeter dans un embarras nouveau, tant elles sont compliquées, difficiles à suivre, aisées à oublier? Ces rues sont habitées par des familles d'indigènes : durant le jour, les femmes, restées seules à la maison, s'occupent des soins de la cuisine, du blanchissage, de la confection des vêtements : leur unique distraction est de monter sur les terrasses, d'y causer avec leurs voisines ou bien de se faire entr'elles des visites où chacune étale sa toilette aux yeux de ses jalouses rivales. Ce sont là les passe-temps de ces malheureuses, condamnées à ne jamais voir d'autres hommes que leur proches parents. Quand, le soir, le jour baisse, les hommes rentrent au logis; la porte du gynécée se referme et au silence de la journée succède, dans ces quartiers, le silence de la nuit.

D'autres rues, dans la partie haute de la ville encore, sont plus spécialement consacrées au commerce. Les maisons y sont encore habitées par des familles mauresques, paisibles comme toutes les autres ; mais au bas de chacune d'elles s'ouvre une boutique ou deux.

Ces boutiques sont de petits carrés, pratiqués dans l'enfoncement de la maison, larges de deux mètres au plus et suffisamment profonds pour qu'un homme s'y puisse étendre dans sa longueur. C'est là que le Maure se rend dès le matin ; c'est là qu'il passe sa vie. Il s'y introduit au moyen d'une corde à l'aide de laquelle il s'élance de la rue au milieu de son petit arsenal. Entré dans son domaine, il s'assied, les jambes croisées sous lui, fumant sa longue pipe qui jamais ne le quitte, et buvant le café que, moyennant un sou, le marchand voisin lui apporte, dès qu'il le demande. Les industries exercées par les Maures dans ces petits magasins sont peu nombreuses ; on peut les réduire à quatre principales : épiciers, brodeurs, cafetiers et cordonniers.

La boutique de l'épicier est exactement construite et disposée sur le modèle de celles que nous venons de décrire. Le propriétaire est assis au milieu ; autour de lui et à portée de sa main sont rangées, sur des rayons, toutes les marchandises qu'il débite : sucre, café, huile, bougies, etc.; les acheteurs se tiennent en dehors ; on comprend aisément qu'ils ne sauraient entrer dans un petit magasin dont les marchandises et le possesseur occupent tout l'espace. Le commerce se fait sans bruit, sans discussion. Chacun demande, à son tour, ce dont il a besoin ; le marchand le donne, mais avec une lenteur quelquefois désespérante. Si l'objet demandé ne se trouve pas dans son magasin, il répond simplement : « je n'en ai pas, allez à côté. » Si encore l'objet présenté ne plaît pas à l'acheteur, le marchand ne se fatigue point à le lui faire trouver de son goût ; mais, le remettant sans bruit à sa place, il laisse là le mécontent et s'occupe à servir quelque autre pratique.

Les brodeurs sont nombreux à Alger : ils s'occupent à orner de dessins curieux des selles de chevaux, des burnous élégants, que viennent acheter les riches chefs arabes de la plaine, surtout dans le moment où ils se rendent en foule à la ville pour assister à la grande fête des Courses, vers le commencement de l'automne. Leur travail, fait avec des fils d'or ou d'argent, est fort ingénieux et parfois très-joli. Leurs magasins sont d'une nudité complète : tout le mobilier se compose d'une natte sur laquelle l'ouvrier est assis, ayant sur ses genoux la pièce de cuir ou d'étoffe, où ses doigts et son imagination se jouent si artistement. Leurs dessins, admirés des Arabes depuis de longs siècles, représentent tantôt des figures de bêtes, que l'on rencontrerait, il est vrai, assez difficilement dans la création, si variée qu'elle soit, mais qui ressemblent beaucoup aux animaux fantastiques grimaçant sur les porcelaines de Chine, tantôt des lettres arabes, des mots, des versets du Coran.

Viennent ensuite les cordonniers, et vraiment je ne sais si l'on pourrait rencontrer dans le monde entier une ville où les disciples de St-Crépin fussent aussi nombreux qu'à Alger. Tous ces cordonniers, assis dans leurs boutiques sur de petites escabelles, entourés de nombreux ouvriers et apprentis, sont, durant tout le jour, occupés à confectionner les babouches que porteront plus tard les Maures de la ville et les Arabes des environs. Ces babouches, composées d'une forte semelle, autour de laquelle circule une épaisse bande de cuir, large de deux doigts, forment une chaussure aussi aisée à mettre qu'elle est aisée à quitter, et, en outre, très fraîche. Cette partie du costume indigène, toute simple qu'elle paraisse, n'est donc point une invention sans mérite, dans un pays chaud, et pour des hommes qui sans cesse doivent déposer et reprendre leurs chaussures, quand ils entrent dans les maisons et les mosquées et quand ils en sortent. Comme les Arabes des champs ne sauraient les fabriquer, ils sont obligés de venir les chercher à Alger ; aussi, cette industrie y est et y sera toujours très florissante. Il ne faudrait pas supposer, cependant, que tous les Arabes portent des babouches : si commun qu'en soit l'usage, il est néanmoins à Alger et dans la campagne, bien des pauvres diables qui vont partout et toujours pieds nus, soit par vieille habitude, soit plutôt par pauvreté.

Les cafés indigènes sont très nombreux dans la ville mauresque, et tous sont assez achalandés pour que leurs propriétaires et les garçons qu'ils emploient puissent doucement vivre du produit de leur industrie. On ne saurait se faire l'idée d'un café maure d'après les cafés que nous voyons en France. Dans une grande salle sont rangées autour des murs de larges banquettes en bois ; au milieu, d'autres banquettes garnissent l'espace resté libre entre les colonnes. Les murs sont nus ou tapissés de mauvaises gravures, de grossiers dessins faits ordinairement à la main. Ces dessins représentent le plus souvent des oiseaux, des chevaux, des navires, jamais des hommes : il est interdit aux Musulmans, par le Koran, d'avoir chez eux aucune image où, comme chez nous, l'artiste ait reproduit les traits d'un personnage même imaginaire. Au plafond de cette pièce si triste sont suspendues des cages où gazouillent de charmants petits canaris et des lampes semblables à celles dont se servent les pauvres dans les campagnes en France. Une grosse boule en verre contient l'huile, du milieu de laquelle sort une mêche fumeuse, qui répand autour d'elle une faible clarté ; enfin, dans quelque coin de la pièce, un fourneau de faïence, sorte de forge semblable à celle de nos serruriers, tout couvert de tasses et de cafetières, sert d'officine aux gens employés à servir les Arabes qui, tour à tour viennent s'accroupir sur les banquettes de ce café original.

On le voit, la physionomie d'un café maure n'est point gaie ; rien n'est fait pour y appeler les passants, ni les décors, ni le confortable, ni la variété des liqueurs, car on n'y sert absolument que du café ; et pourtant il est quelques-uns de ces établissements où se presse une clientèle si nombreuse, qu'on ne saurait compter la foule des gens qui, chaque jour, en franchissent le seuil.

C'est là que les Arabes des environs, arrivés à la ville pour y vendre leurs marchandises, viennent se reposer et souvent faire leur modeste repas, composé d'un morceau de pain, de quelques dattes et d'une ou de deux tasses de café ; c'est là que les oisifs entrent, le soir, pour s'amuser, pendant une heure ou deux, à entendre un conteur, à la physionomie mobile, qui les ravit par ses récits débités sur un ton à peu près semblable à celui de notre psalmodie chrétienne ; c'est là enfin que jeunes et vieux, riches et pauvres, entrent, plusieurs fois par jour, pour y boire quelques tasses de cette commune boisson, la seule que leur loi religieuse leur permette, celle aussi qui convient le mieux à leur tempérament lymphatique et qui, jusqu'à un certain point, supplée à l'insuffisance de leur nourriture.

Avant l'arrivée des Français, ces cafés indigènes avaient une physionomie beaucoup plus originale, beaucoup plus animée que ne l'est celle qu'ils ont aujourd'hui. Chaque jour, les plus fréquentés d'entre eux trouvaient un nouveau moyen d'appeler les passants et de les retenir.

Tantôt, en effet, le maître du café engageait pour la soirée un chanteur célèbre, arrivé de quelque tribu éloignée ; d'autres fois, il faisait venir des mucisiens maures ou nègres, jouant sans art, mais non sans entrain, de leurs flûtes criardes et de leurs tamtams au son monotone ; souvent encore, il avait la bonne fortune de voir quelque bouffon, célèbre dans la ville et aux alentours, franchir le seuil et faire assaut de plaisanteries et de tours malins avec les assistants qu'il retenait autour de lui. Quelques fois même, la vaste salle se transformait en une salle de danse, où des Mauresques de la ville, sans pudeur, mais non sans grâce, venaient se livrer à tous les voluptueux entraînements de la danse nationale, tour à tour nonchalante ou pleine d'une folle ardeur. Vieillards, homme mûrs, enfants eux-mêmes, restaient, durant de longues heures, les yeux fixés sur la bayadère, qui, revêtue d'un élégant corsage tout lamé d'or et de longs pantalons flottants, parfois se balançait avec une molle langueur comme la rose inclinée par la brise, parfois s'élançait comme une rapide panthère de ce beau pays, ou bien encore se drapait dans son écharpe, belle et séduisante comme la Vénus antique.

De tous ces spectales, qui se prolongèrent encore durant quelques années après la conquête, et qui attiraient toujours une nombreuse assistance d'Européens, il ne reste plus rien aujourd'hui. Quelques-uns sont tombés en désuétude, et la police française en a supprimé plusieurs où la licence musulmane dépassait toutes les bornes.

Et cependant, tels que sont actuellement les cafés maures, ils méritent encore d'être visités par tout observateur, curieux d'étudier les mœurs indigènes.

On y voit réunis, en effet, des Maures, des Arabes, des Nègres, tous fumant, tous sérieux : nul ne fait de bruit, beaucoup gardent même le silence durant des heures entières. Sont-ils donc endormis ? Non, certes, car ils fument et boivent. Sont-ils éveillés ? Vraiment, je ne sais, car ils ne parlent ni de la bouche ni des yeux ; je gagerais même qu'ils ne pensent pas, ou plutôt que leurs pensées errent au hasard, comme celle d'un rêveur à minuit. Mais ce qui est hors de doute, c'est qu'ils sont heureux, c'est qu'alors ils n'ambitionnent rien de plus que de pouvoir toujours s'enivrer doucement de cette liqueur qui leur coûte si peu cher, de cette bleuâtre fumée, d'un tabac sans force, il est vrai, mais non pas sans parfum. Ainsi, les cafés sont, à Alger comme dans toutes les villes de l'Orient, les principaux points de réunion : mais il faut faire, entre ces cafés et les nôtres, cette distinction très vraie, que les Arabes, les Maures, les Nègres, qui s'y rencontrent, ne se donnent point là un rendez-vous pour causer des affaires de leur commerce, ni même de celles de leurs familles. S'ils y entrent, c'est pour y passer quelques heures dans un repos complet, c'est pour s'y entretenir familièrement de sujets qui les intéressent tous également, c'est enfin pour y faire parfois une de ces longues parties d'un jeu qui n'est point sans rapport avec nos échecs d'Europe.

Disons encore, avant de quitter ces marchands, ces cafetiers indigènes, disons que souvent, ils exercent le commerce plutôt pour y trouver un passe-temps que pour en retirer un profit, le plus souvent bien mince. Beaucoup de ces boutiques tenues par des Maures ne sont guères pour eux, qu'un petit appartement, une sorte de salon, où ils passent agréablement la journée, occupés à fumer leur pipe, à regarder les passants, et joyeux quand ils peuvent y faire asseoir un ami à côté d'eux : ils les quittent, d'ailleurs, plusieurs fois par jour, pour aller prendre leurs repas à la maison ou pour se rendre à la mosquée.

Il y a, dans Alger, plusieurs mosquées : elles

ont toutes entre elles beaucoup de ressemblance, bien plus encore que n'en ont nos grandes églises catholiques. Aussi, quiconque connaît l'une d'elles, se peut aisément faire une idée des autres, et quiconque a vu une fois les Arabes y prier, se jeter à genoux, y demeurer longtemps les mains ouvertes devant eux comme un livre, se relever ensemble, se tenir longtemps le visage appuyé sur la terre que de temps en temps ils baisent avec respect, peut se faire une juste idée du recueillement que ces hommes apportent dans leurs lieux de prière.

La plus belle mosquée d'Alger est située au bas de la ville, au milieu même des constructions françaises : elle est grande; la voûte en est élevée. L'architecte qui la construisit, pauvre captif chrétien retenu par les corsaires, lui donna la forme d'une croix latine, et ce pieux souvenir de sa foi qu'il imprima à son œuvre, lui coûta, dit-on, la vie. Le dey admira l'édifice, il crut devoir le conserver ; mais il voulut que l'architecte payât de sa tête l'insulte qu'il avait faite à la foi musulmane, en donnant à l'un de ses temples la forme abhorrée de la croix.

Point de mosquée sans une tour ou Minaret, d'où le Muezzin appelle les fidèles à la prière : cet homme qui, sur le sommet de cette tour, chante d'une voix monotone et lente, rappelle d'abord le son religieux et grêle de nos cloches dans les villages, mais il ne saurait le remplacer. Il y a, dans le son du bronze, dans cette voix, tantôt gaie, vibrante, tantôt triste et plaintive, quelque chose de bien plus profond, de bien plus émouvant que dans la parole de ces hommes dont la cantilène monotone ne saurait dominer le bruit du vent, ni se faire entendre au loin. Ne soyons point toutefois trop exclusifs ; il est des jours où la voix de tous ces Muezzins des différentes mosquées, s'unissant soudain en un vague, un étrange concert, excite momentanément dans l'âme une douce et pieuse émotion.

C'est dans la mosquée, surtout, que l'on comprend d'un coup d'œil l'admirable esprit d'égalité qui règne parmi le peuple musulman. A côté du Maure, vêtu d'une veste élégante, d'un pantalon en beau drap rouge, coiffé d'un turban, blanc comme la neige, et s'enveloppant dans un caban d'une laine soyeuse, vient souvent s'agenouiller quelque pauvre et sale Arabe de passage dans la ville.

Ni les deux ou trois cabans du misérable, jaunes, puants, disons-le même, infectés parfois de vermine, ni l'odeur désagréable qui le suit, ne font reculer son riche voisin. Le Maure reste à côté de lui, immobile, tout occupé de sa prière. L'Arabe et lui ne songent qu'à unir leur voix à celle du Marabout qui chante les louanges de Dieu et celles de Mahomet. Et, pourtant, rien en apparence n'explique la ferveur des musulmans, leur attitude respectueuse dans les mosquées. Leurs offices sont monotones ; ils n'ont point, pour entretenir en eux la foi de leurs pères, des prédicateurs éloquents : chez eux nul ne prêche ; ils n'ont point, pour les appeler à leurs temples, des cérémonies grandioses qui attirent, qui subjugent l'homme tout entier par un charme captivant à la fois les sens et le cœur. Et pourtant leurs mosquées sont toujours pleines ; un obstacle les empêche-t-il de s'y rendre, ils s'agenouillent et prient sur les chemins, dans les rues, sans aucun souci des railleurs, s'il s'en trouve, ni d'un soleil ardent qui les brûle. Toutes les ordonnances de cette loi musulmane, si sévère en ce qui ne touche point à la morale, toutes ces ablutions, tous ces jeûnes, parfois si rigoureux et si prolongés, ils les observent avec une scrupuleuse attention ; tant est vraie cette parole, que l'homme a besoin d'une religion, et que, si dure qu'elle soit, il en observera les préceptes toutes les fois qu'un fanatique habile saura, en récompense de leur piété, accorder à ses sectateurs une licence aussi grande sur certains points, où ces défenses seraient sans effet, que la loi est rigoureuse sur certains autres, où l'obéissance est plus facile.

Pour nous faire une complète idée de la vie indigène à Alger, il nous faudrait encore visiter les bazars, vastes passages où chacun a son petit magasin, où les boutiques, ailleurs alignées dans les rues, sont groupées en forme d'hémicycle ; il nous faudrait parcourir les Fondouks, grands hangars mal couverts, construits autour d'une cour, où tout le monde peut entrer, et qui, durant la nuit, servent d'abri aux Arabes, à leurs chevaux, à leurs mulets, à leurs chameaux et aux marchandises, dattes, oranges, laine, qu'ils viennent vendre sur les marchés d'Alger ; il nous faudrait enfin dire un mot des mille petites industries exercées par les Maures ; il nous faudrait parler des fabricants d'instruments de musique, pauvres diables qui mettent tout leur art et toute leur gravité à façonner des guitares et des flûtes, à peu près aussi mélodieuses que celles qui servent de jouets aux bambins en France ; il nous faudrait parler des restaurateurs arabes, si sales, si imprégnés de l'odeur nauséabonde de l'huile employée par eux à la préparation de leurs mets détestables.

Mais non, redescendons plutôt dans la partie la plus animée de la ville, dans les grandes rues françaises, et là jetons un rapide coup d'œil sur l'étrange population qui sans cesse s'y agite. Le spectacle curieux, multiple, des types, des costumes divers qui circulent partout dans les rues d'Alger, est certainement un de ceux qui intéressent le plus les nouveau-venus, et, vraiment, il doit en être ainsi.

Aucune ville de notre vieille patrie ne présente

un aspect aussi bizarre que cette nouvelle métropole de la France africaine, Babel étrange, qui ouvre de tous côtés ses bras aux étrangers, sans cependant chasser ses premiers enfants, et aujourd'hui est la patrie ou, du moins, le séjour d'une foule de Français, d'Espagnols, de Maltais, d'Arabes, de Maures, de Nègres et de Juifs.

Les Français établis à Alger ne sont pas, à beaucoup près, aussi nombreux qu'on le croirait d'abord ; tous ont conservé le costume, le langage, les mœurs, et quelques-uns même, disons-le tout bas, certains vices de la mère-patrie. La plupart de ces Français sont arrivés pauvres ; un grand nombre a fait fortune : tel qui, jadis, débarqua sur le port, n'ayant pour tout bien que le sac qu'il portait sur le dos, va maintenant en magnifique équipage prendre le frais sur le bord de la mer, quand le soleil se couche derrière les collines de Moustapha. Comment toutes ces richesses ont-elles été conquises? Par quels degrés ces hommes sont-ils montés si haut, étant naguère si humbles?... Qu'importe ici?... Je n'ai entrepris ni un éloge ni une satire ; je ne prendrai donc pas le soin odieux de rechercher, de noter, au milieu de la foule, les malheureux qui ne sont devenus riches que par la pauvreté des autres ; par la même raison, je devrai me priver du plaisir de louer les hommes laborieux et probes qui ne doivent leur bonheur présent qu'à de nobles, de constants efforts, à une vie toujours bien remplie, toujours exempte de reproches. Mais, riches ou pauvres, tous les Français venus à Alger, employés de l'État, commerçants et propriétaires, ont pris pour leur nouveau séjour une merveilleuse affection, qui les suit jusqu'en France, qui leur fait regretter et redemander l'Afrique, au milieu même des villes où ils sont nés, où ils sont revenus pour y vivre désormais, au sein de leur famille et de leurs vieilles habitudes.

Les Espagnols émigrent très-volontiers à Alger, où ils retrouvent le climat de leur pays, sa terre fertile, ses productions variées. Ils y viennent avec leurs enfants et leurs femmes, dont on a si justement vanté la beauté. Cette beauté, toutefois, ne réside pas toujours dans la régularité des traits ; mais la femme espagnole n'en est jamais entièrement dépourvue, soit qu'elle se signale par la richesse de ses magnifiques cheveux noirs, si ravissants sous la mantille, ou par l'élégance de sa taille admirablement prise, quelquefois même par un simple détail qui illumine, pour ainsi dire, tout l'ensemble ; l'intelligence du regard, par exemple, ou le gracieux contour d'un bras que l'on croirait détaché d'une statue antique, ou la blancheur des dents, ou la petitesse du pied, ou la coquetterie de la main. Quant aux hommes, je le dois avouer, leur figure énergique manque trop souvent de grandeur. Le plus grand nombre d'entre eux s'occupe d'arts manuels ; ils sont menuisiers, maçons, serruriers, jardiniers. Leurs jardins, cultivés avec beaucoup de peine et beaucoup de soin, s'étendent sur un espace de plus de deux lieues, le long de la mer, à droite d'Alger. Ces jardins sont toujours abondamment fournis de légumes, chaque jour transportés sur les marchés de la ville, et, de là, souvent emportés en France par les bateaux à vapeur. C'est ainsi que Paris a maintenant, au milieu de l'hiver, des légumes frais, poussés en pleine terre. Vivant de peu, ennemis des excès, les Espagnols d'Alger amassent, à force de patience, de petites fortunes, bien modestes à nos yeux, mais suffisantes pour leur assurer une vieillesse tranquille. Plusieurs retournent alors en Espagne avec leur petit avoir, et là, ils achètent une maisonnette et un champ où ils s'installent à tout jamais et sans regret, car ils y trouvent encore le beau ciel de l'Afrique, et, de plus, les chères habitudes de la patrie. Les Français qui s'en sont retournés chez eux, reviennent, au contraire, à Alger tôt ou tard, pour lui redemander son ciel d'azur, sa mer, ses charmantes promenades que la patrie, si belle qu'elle soit, ne saurait leur offrir et sans lesquels ils ne peuvent plus vivre. Les Espagnols ont généralement beaucoup d'enfants ; aussi les parents, quand ils sont pauvres, les font-ils travailler de bonne heure, et ces enfants, garçons et filles, nourrissent leurs parents devenus vieux, les uns sur le salaire qu'ils touchent comme ouvriers, les autres sur les modestes gages que leur fournit la domesticité. L'ascendant des parents espagnols sur leur famille est absolu et ne cesse jamais ; malheureusement il a pour base la crainte plutôt que l'affection. Il est regrettable aussi que ces hommes auxquels on ne saurait refuser de grandes qualités, les déparent trop souvent par une violence de caractère, une férocité dans les mœurs qui, parfois, les pousse aux actes les plus criminels.

Presque tout le commerce des fruits, des légumes, des poissons, se fait, à Alger, dans de petites boutiques tenues par des Maltais. Le Maltais a pour lui, en arrivant, deux inappréciables avantages : il est d'abord accoutumé au climat ; ensuite, il connaît la langue arabe aussi bien que les indigènes, ou peu s'en faut, son idiôme à lui-même n'étant pour ainsi dire que l'un des dialectes de la langue parlée dans le Nord de l'Afrique.

A ces deux conditions, déjà si favorables pour faire fortune, le Maltais unit encore une admirable sobriété, un constant amour du travail, une rare intelligence des affaires. Tous les Maltais résidant à Alger sont unis entre eux par une fraternité qui trouve en elle-même sa récompense, car elle les aide puissamment dans leurs entreprises, et rien n'est plus aisé à comprendre : aussitôt, en effet, qu'un vaisseau étranger, une balancelle espagnole, par exemple, est arrivé dans le port, chargé de quelque denrée, telle que pommes de terre, oranges, melons, noix, etc., un certain nombre de Maltais, parmi ceux qui font plus spécialement commerce des fruits ou légumes du genre de ceux dont le bateau est chargé, se réunissent sur le quai. L'un d'entr'eux, quelquefois le plus riche, souvent le plus habile, entre en pourparler avec le chef de l'embarcation. La denrée est achetée et partagée aussitôt entre les divers associés qui versent sur-le-champ leur quote-part du prix d'achat, entre les mains du vendeur ou de celui qui a fait les avances. Mais tout ne se borne pas là, et les acheteurs, avant de se séparer, conviennent encore entr'eux du prix auquel ils revendront le kilogramme de l'objet qu'ils ont acquis ; car tout, à Alger, se vend au poids, coutume qui, il est vrai, n'est pas sans inconvénient pour l'acheteur ; mais qui lui permet au moins de savoir combien il paie réellement ce dont il fait emplette. Le lendemain donc, sur la place du marché et dans les différentes boutiques de Maltais répandues partout dans les rues de la ville, la denrée que nos hommes ont acquise, la veille, se débite à un prix unique et invariable. Si l'un vendait plus cher, il verrait son étalage abandonné pour celui d'un autre ; s'il demandait, au contraire, un prix plus bas que le prix convenu, il ne trouverait plus désormais d'associés. Ainsi les Maltais ont trouvé le moyen de fixer eux-mêmes le prix des objets de leur commerce ; mais on doit dire à leur louange qu'ils n'abusent pas de la facilité que ce procédé leur donnerait pour établir parfois un monopole exorbitant. Leur bonne foi ne les empêche cependant pas de faire fortune, et tel d'entr'eux qui, du matin au soir, est assis modestement devant sa petite boutique, possède de magnifiques maisons, et peut, au jour du contrat, donner jusqu'à cent mille francs en mariage à sa fille. Les hommes les plus riches dans certaines villes de l'Est de l'Algérie sont des Maltais qui, peu d'années auparavant, n'y ont apporté pour toute fortune que leur industrie et des habitudes d'économie sévère. Presque tous sont de forts honnêtes gens, peu polis, il est vrai, insupportables même par leur manière ridicule d'attirer les pratiques autour de leur étalage, mais probes, intelligents, capables enfin de former l'un des bons éléments de la colonisation en Algérie.

Mais, va-t-on dire, si le commerce à l'usage des Européens est fait à Alger par des Européens ; si, d'autre part, les Maures sont en possession du modeste commerce indigène, que fait donc, à Alger, cette foule d'Arabes qui y accourent des montagnes voisines, de la plaine, de tout le pays enfin, jusqu'aux contrées les plus rapprochées du désert ? — Les pauvres diables ne sauraient y vivre de leurs rentes, et peu d'entr'eux sont voleurs ; mais ils se contentent de si peu de chose !

ils sont si industrieux à s'occuper, que parmi eux l'on voit rarement des hommes, en état de travailler, tendre une main paresseuse.

Toutefois, avant que nous nous occupions ici des Arabes résidant à Alger, il ne sera peut-être pas hors de propos de noter d'abord, mais en quelques mots, les différences assez profondes qui les distinguent partout d'avec les Maures.

Les Arabes n'ont point de maisons, point d'établissement vraiment stable; les Maures, au contraire, sont nés dans les villes et ne les quittent pas. Il y a dans le caractère des Maures plus de douceur, plus de politesse, plus d'aptitude à prendre nos mœurs civilisées; ils sont généralement bons, mais faibles; leur figure a beaucoup de noblesse, mais elle manque d'énergie. L'Arabe se rapproche du Sauvage; il n'a nul soin de son costume; il est sale : ses manières sont rudes, hautaines, ou bien hypocritement obséquieuses; sa physionomie, généralement très-accentuée, porte souvent le cachet du courage, souvent aussi on y trouve celui de la ruse. Quoi que l'on ait avancé, les beaux types sont rares parmi eux; on y rencontre beaucoup plus communément de ces physionomies effrayantes où se lisent à première vue tous les instincts féroces de l'homme à l'état sauvage.

J'arrive enfin à la différence la plus sensible qui sépare ces deux espèces d'hommes, nés sous le même ciel, unis par la même foi religieuse : je veux parler de la manière dont les uns et les autres se conduisent envers leurs femmes.

La femme arabe est bien plus libre que la femme mauresque ; elle ne se voile point le visage, elle peut aller et venir dans la tribu, sans être accompagnée, elle occupe même un rang honorable dans la famille et souvent elle y jouit d'une notable autorité. La femme mauresque, au contraire, ne peut presque jamais sortir de chez elle ; elle ne marche jamais seule et, dans ces occasions, son visage, son corps tout entier, sont couverts d'une épaisse étoffe blanche qui cache les riches habits qu'elle porte par dessous ; car, il faut le remarquer, ces femmes sont coquettes, plus coquettes même que les Européennes, si cela est possible.

Elles sont vêtues de costumes d'une élégance, d'une richesse extraordinaires ; les petites vestes qui entourent gracieusement leur taille, les larges pantalons qui se nouent au-dessous du genou, les écharpes dans lesquelles elles se drapent avec tant fierté et de grâce, tous leurs vêtements, enfin, sont faits des plus fines, des plus coûteuses étoffes et rehaussés par des broderies d'or, au milieu desquelles scintillent souvent des diamants. Et pourtant elles ne se parent que pour être vue de leurs maris ou pour exciter la jalousie de leurs voisines moins bien vêtues. Il est vrai qu'elles ne sauraient trouver nulle autre distraction : elles ne savent ni lire ni écrire; elles ont à peine quelque connaissance de la religion de leurs époux, et ainsi dépourvues de toute instruction, absolument ignorantes de toutes choses, elles sont réduites, pour charmer leurs loisirs, à recourir à cette triste occupation de se parer, de se jalouser, de se livrer entre elles à d'interminables commérages.

Tout ce que leurs maris leur demandent, c'est d'élever leurs enfants, de veiller à ce que les repas soient prêts pour le moment où ils rentrent, et, par dessus tout, d'être belles et point stériles. Quand je dis qu'elles doivent être belles, l'on entend, sans doute, par là, qu'elles doivent, comme nos jolies femmes, réunir en elles cette triple et rare qualité de la régularité des traits, de l'intelligence dans la physionomie et de l'élégance des formes. — L'on se trompe. — Une telle femme, si aimable à nos yeux, si sûre d'être partout admirée, partout adulée, pourrait fort bien être dédaignée par ces maris difficiles. Il ne serait pas impossible, en effet, il serait même probable que le caractère essentiel de la beauté, aux yeux des Maurés, celui qui subjugue leurs cœurs et les rend fidèles au lien conjugal, lui manquât. — Comment cela? — Le plus naturellement du monde, vous en conviendrez vous-même. — Dans le portrait que je viens de tracer d'une femme charmante, n'ai-je pas, en effet, oublié de dire qu'elle était grasse? et, ainsi, j'ai négligé le plus beau de tous les avantages que puisse avoir une femme aux yeux d'un Maure, celui sans lequel, en un mot, la beauté, à leur avis du moins, ne saurait pas plus exister que les couleurs sans la lumière.

Que ne puis-je, pour faire briller ici toute la vérité de mon assertion, raconter tout au long le curieux entretien que j'eus dernièrement avec un Maure de mes voisins, un riche épicier, un digne homme, un homme d'esprit, mais affligé d'une femme maigre. — « Ah! Monsieur, me disait-il entre autres plaintes, pour donner de la beauté à ma femme (traduisez de la rotondité), j'ai dépensé depuis cinq ans, plus qu'il ne faudrait pour en nourrir quatre! et, malgré tout, elle reste laide! » Ce disant, l'infortuné considérait avec des yeux stupéfaits une grosse et lourde servante provençale qui passait près de nous, revenant du marché, et je l'entendis murmurer en s'adressant à lui-même : « Oh! oui, il y a des Françaises qui sont bien belles! »

Malheur donc à la femme mauresque qui n'a point ce caractère essentiel de la beauté! Malheur aussi à celle dont le sein est stérile! L'une et l'autre seront bientôt répudiées par leurs maris, et, comme la loi de leur pays les déclare inaptes à posséder quoi que ce soit, elles seront réduites à vivre désormais dans la misère, ou bien à retourner dans leur famille, où la solitude et le mépris les attendent.

Après cette petite digression, où nous avons tâché de faire sentir en quelques mots les principaux points de différence qui séparent l'Arabe du Maure, revenons au sujet que nous traitions d'abord, aux différentes occupations des Arabes dans Alger.

Ils appartiennent, généralement, à deux grandes familles que l'on distingue par les noms de Biskris et de Mozabites.

Le Biskri est vêtu d'une toile grossière : il n'a pour tout habillement qu'un ample sarreau et une culotte large et courte, faits, l'un et l'autre, de cette étoffe solide et peu coûteuse. Rarement on lui voit aux pieds des babouches, jamais de bas : enfin, il remplace par une simple calotte rouge le turban arabe serré autour de la tête par une longue corde de poil de chameau.

Le Mozabite, lui aussi, porte de larges pantalons de toile ; mais, à la place du sarreau de même étoffe, il en met un de laine aux couleurs variées et il use pour coiffure du véritable turban national. Cette coiffure, lourde et sans grâce, composée d'une calotte de laine grossière sur laquelle est rabattu le capuchon du burnous que vient encore serrer une natte très-longue, cette vilaine coiffure est parfaitement justifiée par le besoin qu'ont éprouvé ces peuples de se défendre contre les ardeurs d'un soleil qui, sans cesse, darde ses rayons de feu sur leur tête.

Le Biskri vient de Biskara, c'est-à-dire dès confins du désert; le Mozabite appartient à la tribu de sBeni-Mzab qui habite au milieu des montagnes du Jurjura. Les uns et les autres ne quittent ordinairement leur pays que pour un certain temps; ils n'émigrent pas à Alger, pour s'y établir à tout jamais, mais seulement pour y amasser une petite fortune. Chaque année, quelques-uns d'entre eux retournent dans le pays natal et ceux qui restent encore à la ville confient leurs économies à ceux qui quittent Alger pour toujours. Arrivé au milieu des siens, le dépositaire remet fidèlement la somme aux parents de l'ami qui la lui a confiée : ceux-ci l'enfouissent dans un trou ou bien achètent un morceau de terre que viendra bientôt réclamer l'exilé, désireux de revoir ses montagnes, où l'attendent ses amis, ses parents, son petit avoir, souvent même sa fiancée.

A Alger, les Biskris sont porteurs d'eau, hommes de peine sur le port, toujours travailleurs, intelligents, sobres, économes. Ces hommes qui couchent n'importe où, qui ne prennent pour toute nourriture qu'un peu de pain, d'huile et de poisson, qui ne boivent que de l'eau, qui, chaque jour, ajoutent quelques sous à leur petit pécule, qui ne perdent jamais le souvenir de leurs pauvres montagnes au milieu des séductions d'une grande ville, qui se connaissent et s'aiment entr'eux, ces hommes ont plus d'un trait de ressemblance avec ces dignes Auvergnats que l'on voit venir à Paris pour s'y enrichir, à force de travail et de privations.

C'est parmi les Mozabites, que se recrutent les marchands de légumes, les maîtres et les employés des nombreux bains maures, enfin les innombrables conducteurs de ces bourricots qui circulent partout dans la ville, enlevant les ordures, transportant les matériaux pour les constructions, toujours battus, toujours travaillant, et d'une sobriété qui peut seule dépasser celle de leurs maîtres. On ne saurait imaginer un animal plus patient, plus infatigable, plus utile enfin que ne le sont ces pauvres ânons d'Alger, que tout le monde maltraite, et auxquels on est cependant sans cesse obligé d'avoir recours.

On trouve encore à Alger un grand nombre de nègres : ils y partagent les diverses industries des Biskris et des Mozabites. Rien n'est plus original que leurs danses et leur musique. Il faut surtout les entendre et les voir, au moment des grandes fêtes de la religion musulmane. Marchant ordinairement par troupes de huit ou dix, ils parcourent alors les rues de la ville haute et s'arrêtent à chaque carrefour, pour donner à la foule le plaisir d'un concert en plein air. Les uns ont devant eux une sorte de grosse caisse, dont la peau mal tannée et mal tendue, ne rend qu'un son sourd et monotone ; d'autres frappent de la main sur des tamtams ; d'autres enfin, réunissant deux arts différents, agitent avec rapidité de doubles castagnettes en fer et bondissent en un cercle étroit, comme si une barrière infranchissable arrêtait leur élan. On ne peut, il est vrai, rien entendre de plus assourdissant, de plus effréné que leur musique; leurs danses sont de véritables sauts d'enfants mutins, et, malgré cela, on ne les regarde pas sans plaisir, tant la joie la plus franche est peinte sur leurs bonnes et naïves figures. Quant à leurs femmes, elles trouvent de l'occupation dans les bains maures, ou bien elles vendent dans les rues des petits pains faits par les boulangers arabes, ou bien, enfin, servent comme domestiques dans les familles mauresques ; autrefois, elles y étaient esclaves.

Tous, hommes et femmes, sont généralement de bonnes gens ; leur laideur, celle des femmes, surtout, mériterait de devenir proverbiale, bien plutôt que cette infatigable ardeur au travail dont on les dote fort gratuitement, car l'indolence est leur premier défaut, et cette indolence est telle, que les Maures, gens cependant assez policés, assez humains, étaient autrefois habitués à recourir au bâton, pour leur donner un peu d'énergie, un peu de courage à la besogne.

Vient, enfin, la nombreuse nation des juifs indigènes. Ils étaient très malheureux et fort maltraités avant la conquête française : les Maures, qui les haïssent, les obligeaient à porter dans leur costume des signes distinctifs ; souvent même le gouvernement du Dey les frappait d'énormes impositions qu'ils devaient payer, sous peine d'ajouter le sacrifice de leur vie à celui de la somme exigée. Eux, leurs femmes et leurs enfants, étaient la proie de ce maître barbare qui se faisait un jeu de leur ôter leurs biens, leur honneur et la vie.

La loi française leur a enfin créé une existence plus douce ; mais la vieille inimitié des Musulmans contre eux subsiste encore et elle subsistera longtemps. Beaucoup de ces israélites ont adopté le costume européen, beaucoup se sont fait naturaliser français, presque tous parlent aisément notre langue.

A Alger, comme partout ailleurs, ils se montrent actifs, intelligents, mais leur âpreté au gain a soulevé contre eux bien des haines. Le costume de ceux qui n'ont point encore adopté nos vêtements, est à peu près celui des Maures. Quant à leurs femmes, elles sont habillées avec une rare élégance ; et, souvent, en voyant leurs longues et gracieuses robes, tout ornées de broderies magnifiques, leur écharpe d'une soie aux couleurs charmantes, le bonnet si coquet dont elles parent leurs têtes, on se prend à regretter qu'un si riche costume ne soit pas porté par des femmes plus jolies ; car, il faut bien le dire, les beaux types sont fort rares parmi elles, plus rares encore que parmi les Mauresques.

Je termine ici cette rapide esquisse de la population algérienne, esquisse incomplète, je le sens bien, mais pourtant suffisante, je l'espère, à quiconque voudra se faire quelque idée des différentes races qui s'agitent aujourd'hui sous le beau ciel du vieil Alger. J'ajouterai seulement que toutes ces races, protégées, gouvernées par la loi française, vivent entre elles dans la plus grande paix : elles ont même inventé, pour se comprendre les unes les autres, dans leurs rapports quotidiens, une nouvelle langue, la langue Sabir, mélange informe, mélange bouffon des idiômes parlés dans le midi de l'Europe, langue que chacun crée pour le besoin du moment et qu'il compose de mots empruntés à l'Italien, à l'Espagnol, au Français, à l'Arabe lui-même, langue enfin qui se fixera peut-être un jour et dont on pourra faire la grammaire et le dictionnaire.

Ici, sans doute, une grave et intéressante question se présente à l'esprit tout naturellement, celle de rechercher quel avenir est réservé à cette étrange population algérienne, composée d'éléments si divers, celle de savoir quels seraient les moyens de ne faire qu'un peuple de tous ces peuples, d'amener les Espagnols, les Maltais, les Maures, les Arabes, les Juifs et les nègres eux-mêmes à se reconnaître pour les véritables fils de notre belle France, à se plier à nos mœurs, à n'admettre plus dans leur esprit et dans leur cœur d'autre foi que la foi chrétienne, d'autre nationalité, d'autres intérêts que la nationalité et les intérêts des vainqueurs.

Mais ces graves questions, précisément parce qu'elles sont dignes du plus haut intérêt, auraient besoin d'être mûrement étudiées et développées longuement. Aussi ne peuvent-elles trouver place dans ce rapide travail, dans cette modeste esquisse, où je me suis, jusqu'ici, borné à décrire rapidement ce vaste et charmant panorama algérien auquel je me hâte de donner le dernier coup de pinceau, en disant quelques mots du climat et des environs de cette ville, dont j'aurais voulu faire le portrait plus ressemblant, c'est-à-dire plus attrayant encore.

On a beaucoup vanté le climat du Midi de la France, où, durant l'été, la chaleur est si forte, si accablante ; où l'on ose à peine sortir alors, pour aller, le soir, prendre un moment le frais sur des routes poudreuses et sans ombrage ; où, durant l'hiver, le vent du Nord souffle parfois avec tant de violence qu'il fait grelotter des hommes accoutumés à des climats plus rudes ; où, l'on voit enfin tomber la neige, où la glace n'est point inconnue. Combien le climat de notre Marseille africaine est plus beau et plus doux ! — Non pas que je veuille dire qu'il soit exempt de tout inconvénient : quel pays au monde est assez fortuné pour voir toujours se lever sur ses champs et ses villes un soleil à la fois radieux et doux à sentir ?

Il y a dans l'année, quelques moments très-difficiles à supporter à Alger : la chaleur devient déjà très forte, au mois de juillet, mais elle n'est point lourde, et l'on peut encore l'endurer, sans trop souffrir ; mais dans les mois d'août et septembre, disons même au commencement d'octobre quelquefois, la température est réellement accablante. C'est alors que souffle le Siroco, ce vent terrible qui arrive des sables embrasés du désert ; à la teinte azurée du ciel succède une teinte grise, jaunâtre : on croirait l'atmosphère tout en feu. Ce vent brûlant est d'autant plus violent, que l'on approche davantage de l'époque où les chaleurs sèches de l'été vont faire place aux pluies de l'hiver. On ne saurait comparer le Siroco à quoi que ce soit qui en donne mieux l'idée, qu'à l'air brûlant qui s'élance d'une fournaise dont on ouvre tout-à-coup les portes. Il apporte même avec lui une multitude d'atomes lumineux qui donnent au ciel une teinte d'un jaune éblouissant : les brouillards de l'Allemagne ne sont pas plus épais, mais le brouillard africain est une brume à la fois brillante et obscure, qui ne mouille pas, mais qui dessèche et qui brûle. C'est là l'épreuve la plus difficile à supporter pour les étrangers, arrivés en Algérie au moment des grandes chaleurs : heureusement ces journées pénibles ne sont pas de longue durée et bientôt à ces ardeurs étouffantes succède une longue série de mois délicieux.

Depuis le milieu d'octobre jusqu'à la fin de juin, le séjour d'Alger est assurément le plus charmant séjour que l'on puisse souhaiter. En effet, l'Algérie, également éloignée des pays brûlants, où l'atmosphère est toujours embrasée par un soleil trop rapproché, et des froides contrées, d'où cet astre se tient éloigné durant de longs mois, laissant le champ libre à toutes les rigueurs de l'hiver, l'Algérie participe aux avantages de l'un et l'autre climat ; elle connaît également le radieux soleil des tropiques et les fraîches journées de la France du Nord. La saison des pluies, que l'on y appelle, bien à tort, la saison d'hiver, n'est point autre chose qu'un véritable printemps. De temps en-temps, il est vrai, un vent violent s'élève tout-à-coup ; le ciel se couvre de gros nuages ; il tombe de fortes averses, souvent semblables à ces pluies torrentielles qui inondent nos campagnes de France, durant les mois d'octobre, de février et de mars, mais le sol est si sec de sa nature, que l'eau qui vient de tomber est presque aussitôt absorbée. Aussi, dès que le soleil reparaît tout-à-coup, brillant de sa splendeur ordinaire, dès que le ciel, après deux ou trois jours pluvieux, reprend son bleu d'azur, que ne ternit aucun nuage, l'on peut, sans crainte de rencontrer des chemins boueux, défoncés, s'aventurer, aux alentours d'Alger, où, après la pluie, les orangers, les oliviers, les aloès, les figuiers et les cactus brillent d'une fraîcheur nouvelle. Ainsi, tandis qu'aux mois de décembre et de janvier, la France grelotte sous le manteau brumeux et glacé que l'hiver étend sur elle, l'heureuse Algérie se pare de toutes les fleurs du printemps ; elle regarde gaîment ses roses, ses jasmins, ses œillets, qui l'embaument de leurs parfums ; elle s'éveille, le matin, au gazouillement des oiseaux, elle s'endort, le soir, aux derniers rayons d'un soleil splendide.

Heureux le voyageur qui est venu visiter Alger durant cette magnifique et longue suite de mois délicieux ! — Sans s'éloigner beaucoup de la ville, il peut, chaque jour, varier ses promenades. — Quels environs charmants que ceux de la métropole algérienne ! A la gauche du port, une longue route, dominée d'un côté par les collines du Sahel, de l'autre bornée par la mer, conduit aux rochers de la pointe Pescade, où le cafetier maure, qui s'y est installé, vous apporte une tasse de café que l'on savoure lentement, en admirant la pleine mer qui s'étend en face de vous et à vos pieds, et le magnifique panorama de la plaine et de l'Atlas que l'on aperçoit sur la droite. — De l'autre côté d'Alger, nouvelles promenades, plus nombreuses, plus charmantes encore : — c'est là que l'on trouve le joli village de Moustapha ; c'est là que mille maisons de campagnes s'étagent gracieusement sur les collines ; c'est là que le jardin d'Essai étend devant vous ses allées charmantes, où l'on erre délicieusement au milieu des arbres, des fleurs, des fruits, d'un monde tout nouveau. — Enfin, si l'on monte sur quelqu'une des hautes collines qui dominent Alger, l'on y jouit tout-à-coup d'un spectacle si grandiose, si saisissant, que je ne craindrais pas de le déclarer plus beau que tous ceux qui sont tant vantés en Europe. La vue s'étend, en effet, sans obstacle sur la pleine mer, sur la ville et ses collines ; du côté qui regarde l'Atlas, on domine la plaine de la Mitidja que l'on voit dans ses moindres détails et jusqu'à ses deux extrémités, dont l'une se termine à Sidi-Ferruch, où les Français débarquèrent, et l'autre au cap de Charles-Quint ; l'œil même s'élance par-dessus les hautes montagnes, et rien n'arrête son essor jusqu'au Jurjura, jusqu'à la pointe lointaine où s'élève Bougie.

Et quels spectacles ravissants que ceux dont on peut jouir à Alger même, du haut de l'une de ces terrasses qui forment le toit des maisons ! Quoi de plus beau, quoi de plus saisissant qu'un coucher de soleil, soit que l'astre aille se cacher, radieux et pur de toute vapeur, derrière les sommets de l'Atlas ; soit qu'il disparaisse au milieu d'un ciel embrasé, où courent des nuages aux couleurs variées et brillantes, et dont les teintes, d'un rouge de sang, sont parfois si vives, qu'elles éblouissent, qu'elles effraient notre œil, accoutumé aux pâles horizons de la France.

Que sont encore les plus fantastiques décorations de l'opéra, si on les compare à la vue d'Alger, éclairé par les rayons d'une lune splendide ?

Aux pieds du spectateur, en face de lui, murmure une mer bleue qui vient doucement mourir au môle de ce port dont il aperçoit tous les vaisseaux ; à sa droite, la lumière de cette belle lune d'Afrique éclaire les collines du Sahel et leurs blanches villas, tout entourées de jardins immenses ; plus loin, il voit dormir la plaine et se dresser l'Atlas avec ses pittoresques coupures ; enfin, autour de lui, Alger étage ses blanches maisons, du haut de son rocher jusqu'à la mer, au bord de laquelle s'étend la ville française, endormie à la clarté de l'astre paisible et de ces innombrables étoiles qui brillent comme des diamants sur le fond bleu du ciel d'Afrique.

Et maintenant, la courte tâche que j'avais entreprise est achevée : je laisse à mes lecteurs le soin de décider si j'ai mené à bonne fin mon œuvre modeste.

Inhabile à manier le pinceau, affligé de ne pouvoir retracer sur la toile tout ce que voyais de nouveau, de charmant, de grandiose à Alger, j'ai essayé de me consoler en le décrivant, du moins, avec la plume. Ainsi ai-je pu ajouter à ce tableau, composé de mots, quelques détails que les couleurs n'auraient pas su rendre. Toutefois, cette esquisse est bien imparfaite, je le reconnais volontiers. Si pourtant, elle n'a pas trop déplu, telle qu'elle est, si elle a pu inspirer à quelqu'un le désir de visiter Alger, de s'y établir même, à ce lecteur bienveillant, quel qu'il soit, je dirai avec confiance :

« Hâtez-vous d'arriver : vous n'aurez point à vous repentir d'être venu. Laissez-vous séduire par l'idée du magnifique spectacle qui vous attend ; venez assister à ce noble enfantement d'une nation longtemps barbare et qui, sous vos yeux, va devenir la mère d'un grand peuple, dans lequel seront confondus à jamais les fils de l'Europe et les fils de l'Afrique.

« Venez ; l'heure est propice : les jours mauvais ont fait place à une immense espérance ! Il y a quelques mois à peine, le sol algérien tressaillait d'allégresse sous les pas du magnanime souverain qui avait voulu venir lui-même, dire à cette terre nouvelle tout l'intérêt qu'il porte à son glorieux avenir.

« Oui, venez sans crainte : le temps n'est plus, où l'Algérie, dédaignée, abandonnée à elle-même, semblait être un boulet pesant, attaché au pied de la France. La France a jeté enfin sur elle un regard d'amour. Ne voyons-nous pas, en effet, pour administrer cette terre de si haute espérance, ne voyons-nous pas les hommes qui savent le mieux unir cette double et rare qualité, la prudence dans les conseils et l'énergie dans les actes?

« Venez contempler le bien qu'ils ont fait déjà, celui qu'ils préparent, celui qu'ils ont à faire encore, et qu'ils feront, soyez-en sûr.

« Venez, si vous êtes las de voir toujours les mêmes hommes et les mêmes sites dans notre vieille patrie; venez, si vous craignez les glaces et les brumes de l'hiver; mais venez, surtout, vous, dont le cœur aimant se fait une douce joie de répandre partout les bienfaits sur vos pas et qui vous attachez à un pays à cause même des misères auxquelles Dieu vous permet de venir en aide : A Alger aussi, le Christ souffrant a plus d'un frère! Venez enfin, âmes d'élite, vous qui êtes sensibles aux charmes d'un ciel d'azur, d'une nature riante et forte, des vastes horizons et de la douce poésie.

« Il semble que, dans ces jours de deuil où les Muses quittèrent, en pleurant, la Grèce, leur mère adorée, la Grèce, devenue la proie des Barbares, quelqu'une d'entre elles ait dû s'enfuir aux bords algériens, et que, là, désolée, solitaire, mais charmée, retenue par tant d'immortelles beautés de la terre et des cieux, elle attende, elle appelle un poète, auquel elle puisse enfin confier les sublimes rêveries qu'elle tient, depuis si longtemps, renfermées dans son sein. »

www.ingramcontent.com/pod-product-compliance
Ingram Content Group UK Ltd.
Pitfield, Milton Keynes, MK11 3LW, UK
UKHW031956260826
14628UKWH00005B/2099

9 782012 876736